《铁路保价运输规则》条文释义

《铁路保价运输规则》条文释义编写组　编

中国铁道出版社有限公司

2 0 1 9 年·北　京

内 容 简 介

本书对《铁路保价运输规则》全部内容逐条进行了全面、准确、深入的阐释。主要包括总则、办理程序、费用计算及核收、运输责任、损失赔偿、国际联运、委托代办、附则及附件。为便于读者学习，在每条释义前都附有条文正文。

本书可作为铁路职工学习掌握《铁路保价运输规则》的参考资料。

图书在版编目(CIP)数据

《铁路保价运输规则》条文释义/《铁路保价运输规则》条文释义编写组编. —北京：中国铁道出版社有限公司，2019.8

ISBN 978-7-113-26095-8

Ⅰ.①铁…　Ⅱ.①铁…　Ⅲ.①铁路运输-保护价格-规则-法律解释-中国②铁路运输-保护价格-运输管理-法律解释-中国　Ⅳ.①D922.296.5

中国版本图书馆 CIP 数据核字(2019)第 164167 号

书　　名：《铁路保价运输规则》条文释义

作　　者：《铁路保价运输规则》条文释义编写组

责任编辑：聂宏伟　秦绪涛　　**编辑部电话：**010-51873024

封面设计：崔丽芳

责任校对：苗　丹

责任印制：高春晓

出版发行：中国铁道出版社有限公司(100054，北京市西城区右安门西街 8 号)

网　　址：http://www.tdpress.com

印　　刷：中国铁道出版社印刷厂

版　　次：2019 年 8 月第 1 版　2019 年 8 月第 1 次印刷

开　　本：880 mm×1 230 mm　1/32　印张：1.75　字数：37 千

书　　号：ISBN 978-7-113-26095-8

定　　价：8.00 元

前　言

2018年实施货运票据电子化后，中国铁路总公司（以下简称总公司）对《铁路保价运输规则》（铁总运〔2015〕246号）进行了适应性修订，并印发新的《铁路保价运输规则》（铁总货〔2019〕93号，以下简称《保价规则》）。

本书逐条对《保价规则》的条文进行了解释说明，条文释义力求详尽完整，帮助读者深入详细地了解文件内容。本书所作释义，仅限铁路运输企业内部使用，不作为承运人与托运人、收货人划分责任的依据。

《保价规则》内容覆盖保价运输的全过程，包括行李、包裹（以下简称行包）、货物、国际联运、合资铁路、地方铁路保价运输管理，并规定了开展"门到门"、全程物流、货物快运、物流总包、委托代办等业务时对保价运输的具体要求。

一、《保价规则》的主要内容及特点

《保价规则》是规范铁路保价运输的基本规章，共八章三十五条，正文包括总则、办理程序、费用计算及核收、运输责任、损失赔偿、国际联运、委托代办等内容；附件包括货物保价费率表和进口（过境）货物国内段保价运输申请书。《保价规则》于2019年6月1日起施行。

1. 明确了保价运输的承责范围。为适应市场的要求，将保价运输承责范围明确为"铁路运输企业从接收行包、货物时起，至将行包、货物交付收货人时止，对保价行包、货物发生的损失承担赔偿责任”，为铁路开展全程物流和物流总包业务提供了支撑。

2. 规定了基本提赔程序。为方便客户提赔，《保价规则》中规定了损失告知内容。行包、货物在铁路运输过程中发生损失的，铁路运输企业应按照行包、货物损失处理的有关规定办理。车站应编制证明行包、货物损失的记录交托运人或收货人，作为托运人或收货人要求铁路赔偿的依据。同时，应向托运人或收货人提供索赔须知，告知索赔流程、索赔时限及需要准备的证明文件。

3. 明确了委托代办保价的政策。统一明确办理委托代办保价运输业务时，铁路运输企业可以委托具备以下条件之一的单位(部门)代办保价运输：①具有独立法人资格；②具有充足货源及稳定运输条件；③从事物流等业务以及提供行包、货物运输中介服务；④大型企业的运输部门。

4. 明确了协议保价的内容。明确了“根据托运人需求，铁路运输企业可与托运人(含按项目制管理的物流总包方)依据本规则就保价运输的条件、责任范围、保价费用、赔偿方式等内容通过签订保价运输协议或运输(物流)协议进行约定”条款，为铁路运输企业灵活应对市场变化创造了条件。

5. 明确了铁路运输企业办理赔偿的最长期限。统一行包、货物办理赔偿的最长期限，即“自受理赔偿要求的次日起至支付赔款之日止，行包、货物办理赔偿的最长期限为 30 日”。

二、《保价规则》的主要变化

《保价规则》整体结构和主要内容基本遵循铁总运〔2015〕246 号文件，同时适应货运票据电子化变化，根据业务发展和专业管理的需要，进行了相应调整，主要包括：

1. 适应货运票据电子化发展要求。一是按货物运单格式变化和取消纸质单据的要求，修改具体表述。如：用“货物运单”替代“货票”“货物快运货票”；用“货物名称”或“物品名称”替代“品名”；用“货物价格”替代“保价金额”；取消了“更换单据”“字样或加盖相同内容的戳记”等表述。二是简化国际联运办理保价运输的手续。修改进出口（过境）货物办理国内段保价运输的规定，出口（过境）货物办理保价运输时，流程与国内运输货物的规定一致；进口（过境）货物根据数字口岸系统推进进度，可按原方式（提交“进口（过境）货物国内段保价运输申请书”）办理或按国内运输货物的规定办理，提高了业务办理的灵活性和便捷性。

2. 根据近年来新发布文电进行适应性调整。一是和《中国铁路总公司关于20英尺35 t敞顶箱计费有关事项的通知》（铁总价电〔2016〕67号）中，“其他货运杂费比照20英尺通用集装箱标准执行”的规定一致；对集装箱按箱型制定不同费率，其中35 t敞顶箱按所装货物适用的整车保价费率执行。二是纳入《中国铁路总公司关于明确保价运输有关事项的通知》（铁总运电〔2016〕169号）的有关规定。明确了每批行包、货物保价起码额为1元，赔偿起码额为1元，便于现场操作。

参加本书编写的有总公司、各铁路局集团公司、专业运输公司、铁科院集团公司和北京交通大学、西南交通大学、中南大学等高校的同志。编写人员主要有李杰、江立、李想、黄启营、潘贺、张中华、盛国辉、冉雄英、曹海燕、杨红刚、曾韶峰、王占伟、李莉、宋伟、栾瑞芳、龚月华、林义忠、万涛、谢利豪、李春华、陈应容、向全富、李猛、柴宝柱、王玉清、刘岩、张会杰、章俊、李津京、任英、帅斌、冯芬玲、阎美好、侯敬、付建飞、张玉福、刘伟斌、陈京伟等同志。全书总体结构、各章内容由李杰、江立、黄启营统合、审校。

本书编写过程中，得到了总公司领导的关怀指导，得到了总公司货运部、发展和改革部、企业管理和法律事务部、财务部、科技和信息化部、国际合作部、经营开发部、安全监督管理局和铁科院集团公司、信息技术中心等部门、单位以及各铁路局集团公司、专业运输公司有关专家的支持和帮助，在此深表感谢！

由于编写组水平有限，书中难免有不妥之处，敬请读者批评指正。

编写组

2019 年 7 月 1 日

目　　录

第一章　总　　则

第一条　为开展铁路保价运输，依据《中华人民共和国铁路法》，制定本规则。

【释义】本条明确了制定《保价规则》的依据。

《中华人民共和国铁路法》第十七条规定了铁路运输的赔偿原则，分别适用保价赔偿、限额赔偿、保险赔偿。

《保价规则》是规范铁路运输企业和托运人、收货人办理保价运输权利义务的文件。

第二条　本规则适用于中国铁路总公司（以下简称总公司）及所属铁路运输企业。国际联运国内段货物保价运输适用本规则。铁路物流全过程的保价运输可参照本规则执行。

【释义】本条明确了《保价规则》的适用范围。

为适应铁路发展现代物流的需要，提出铁路物流全过程的保价运输可参照本规则执行，将保价运输的范围扩大到铁路物流全过程。

铁路向现代物流转型，就是以满足客户需求为目标，从传统铁路货运拓展为物流全过程服务，将运输、仓储、装卸、配送、包装、加工、信息等业务有机结合，不断强化铁路安全便捷、低成本、全天候、绿色环保四个优势和特征，充分发挥铁路在社会物流体系中的骨干作用。（《中国铁路总公司关于加快推进铁路现代物流发展的意见》铁总运〔2015〕132 号）

为贯彻党中央关于加快推动中国铁路总公司股份制改造的决策部署，经国务院批准同意，中国铁路总公司改制成立中国国家铁路集团有限公司，于 2019 年 6 月 18 日在北京挂牌。因此本书中的中国铁路总公司或总公司即为中国国家铁路集团有限公司。

第三条 铁路保价运输是指托运人在托运行李、包裹（以下简称行包）、货物时向铁路运输企业声明实际价格，并缴纳保价费，当行包、货物在运输过程中发生损失时，铁路运输企业以托运人的声明价格为基础计算赔偿损失。保价运输相关约定是铁路行包、货物运输合同的组成部分。

【释义】本条明确了铁路保价运输的概念。

明确了保价运输相关约定与铁路行包、货物运输合同的关系。铁路保价运输是针对限额赔偿制定的，其目的是为了保障托运人、收货人的利益。铁路保价运输工作是铁路运输服务的重要组成部分。铁路运输企业须负责将参加保价运输的行包、货物按保价运输合同约定安全、迅速运抵目的地，发生货物损失时按约定条款赔偿，从而保障托运人、收货人的利益。

第二章　办理程序

第四条　托运人托运行包、货物时均可选择保价运输。当选择保价运输时，铁路运输企业应按本规则规定，按照托运人的声明价格办理保价运输手续并收取保价费。

【释义】本条明确了托运人办理保价运输时的选择和程序。

《中华人民共和国铁路法》第十七条规定，托运人或旅客根据自愿申请办理保价运输。因此本条提出托运人托运行包、货物时可进行选择，决定是否参加保价运输，体现了自愿的原则。货运票据电子化后，托运人在提报日运输需求或核对运单时勾选“保价运输”，并在“货物价格”栏填写货物的实际价格，即为选择了保价运输。之后，托运人应向铁路运输企业交纳保价费，这是托运人履行保价运输合同的义务，同时也是铁路运输企业的权利。

第五条　保价运输应以全批行包、货物的实际价格办理，不应只保其中一部分。行包、货物的实际价格以托运人声明的价格为准，托运人对行包、货物声明价格的真实性负责。

【释义】本条明确了对托运人办理保价运输时声明价格的规定。

本条是对托运人的要求，明确托运人的责任。保价费是以保价金额为基础进行计算和收取的。订立合同双方应遵守诚实信用原则。办理保价运输时，铁路运输企业要求托运人应该以全批行包、货物的实际价格作为保价金额，实际价格以托运人声明的价格为准。全批：以运单记载的全部行包、货物为准，不能只保一批中的一部分。为保障托运人、收货人的利益，托运人应足额投保，当发生行包、货物损失后就能得到足额赔付。以往保价的实践证明，发生行包、货物损失后，保额不足可能造成托运人或收货人无法得到足额赔偿，甚至引起争议，这对铁路运输企业、托运人和收货人都是不利的。

第六条　行包、货物的实际价格包括其本身的价格、税款、包装费用和已发生的运输费用。托运人需在行李包裹托运单的"声明价格"栏或货物运单"货物价格"栏内以"元"（人民币，下同）为单位，填写行包、货物的实际价格。全批行包、货物的实际价格即为该批行包、货物的保价金额。

【释义】本条明确了行包、货物的实际价格所涵盖的内容和保价金额的概念及对托运人填写运输单据价格栏的要求。

行包、货物的实际价格就是保价金额。实际价格除货物自身价格外，还包括税款、包装和已发生的运输费用，这三项内容在《铁路货物运输规程》中有规定。这样规定是为了防止一旦发生损失赔偿，提赔方在保价金额之外，违背签约原则再索赔这几部分的损失。这里的运输费用是已"发生的",不包括尚未发生的铁路运输费用。

托运人选择保价运输时,应在行李包裹托运单的"声明价格"栏或货物运单"货物价格"(此时此栏目为必填项)栏内以"元"为单位,如实填写行包、货物的实际价格。全批行包、货物的实际价格即为该批行包、货物的保价金额。一批有多个物品时,应附货物清单,各物品实际价格之和就是"全批"实际价格。

第七条 铁路运输企业受理行包、货物保价运输时,应检查有关事项是否清楚、齐全。如对保价金额有异议,可要求托运人提交证明价格的有关依据。

【释义】本条明确了铁路运输企业受理保价运输的具体要求。

托运人与铁路运输企业签订运输合同时,铁路运输企业有权利有责任检查保价运输有关事项的内容填记是否清楚、齐全。对保价金额有异议是指托运人声明价格与实际价格明显不符,铁路运输企业可要求托运人提供有关依据(可证明货物价格的凭证,如发票等)。

第三章　费用计算及核收

第八条　行包、货物保价基本费率如下：

（一）行李保价费率为 0.5%；

（二）包裹保价费率为 1%；

（三）货物保价费率根据货物运输品类及运输方式确定，详见附件 1。

行包、货物的保价费按保价金额乘以所适用的保价费率计算。

【释义】本条明确了铁路保价运输的基本费率和计费方法。

本条所列是行李、包裹和货物的基本费率（货物的费率详细列在附件 1 中）。各铁路运输企业可根据管内实际，在基本费率的基础上综合考虑市场竞争状况、地域、季节、托运人意愿、承保物品运量及品类、出险率和赔付率等因素，对基本费率实行浮动。费率浮动可以针对客户实施，也可针对品类或运输方式等实施，也可按物流总包项目实施（其中保价收入应不低于该物流总包项目总额的 1%）。费率浮动调整由铁路局集团公司保价管理机构负责管理。

铁路保价运输的计费方法是：行包、货物的保价金额乘以所适用的保价费率。

第九条 名称、规格、包装不同的行包按一批托运时，托运人可根据行包的实际价格分件声明，也可按一批全部件数合并声明，保价费分别计算。一段按行李、一段按包裹托运的行包，全程按行李保价费率计算保价费。

保价费率不同的货物按一批托运时，可分项填记货物名称及保价金额，保价费分别计算。保价费率不同的货物合并填记时，按其中最高的保价费率计算保价费。

【释义】本条明确了按一批托运行包、货物时保价费计算的规定。

名称、规格、包装不同的行包按一批托运时，由托运人确定是分件还是合并填写声明价格。一段按行李、一段按包裹托运的行包，全程按照行李保价费率计算保价费。在受理时应提示客户，注意检查。特别要提示客户对高价值、易发生损失的物品，要慎重按一批行包合并填写声明价格。

保价费率不同的货物，在货物运单或货物清单中要分项填记货物名称和货物价格（即保价金额），以便分开计算。如合并填记时，适用于其中最高的保价费率。在受理时应提示客户，注意检查。

第十条 行包、货物的保价费应与运费同时核收。保价费尾数不足 1 元时，按四舍五入处理至元，每批起码额为 1 元。

对于运量稳定的行包、货物或物流总包项目，铁路运输企业可与托运人协商，签订保价运输协议或运输（物流）协议，定期收取保价费（行包使用“客运运价杂费收据”、货物使用“运费杂费收据”），并在行李票、小件运单或货物运单等相关记事栏内注明“保价费另收”。

其他行包、货物运输，托运人提出保价费单独支付的，可比照前款规定办理。

【释义】本条明确了保价费的核收方式。

一般情况下，行包、货物的保价费应与运费同时核收。为更好地开展保价营销，特殊情况下保价费可以另收，但需签订保价运输协议或运输（物流）协议，使用相应的杂费收据，并在相关记事栏内注明“保价费另收”字样。特殊情况指：一是经与托运人协商一致，对于运量稳定的行包、货物或物流总包项目，保价费可另收；二是托运人提出要求保价费单独支付的。运量稳定的行包、货物主要针对直接客户，代办点如能做到运量稳定，也可比照办理。定期收取保价费指不按批收取，可按一定期限收取，或依《保价规则》第三十二条的规定，通过协议的形式与客户进行特别约定，由各铁路运输企业掌握。

为与运费核收取整至元的规定相一致，核收的保价费尾数不足1元时，按四舍五入处理至元。同时此次修订整合了《中国铁路总公司关于明确保价运输有关事项的通知》（铁总运电〔2016〕169号）的有关规定，明确了每批行包、货物保价起码额为1元，便于现场操作。

第十一条 行包、货物变更到站后，保价运输继续有效。托运人在承运后发送前取消托运或因铁路运输企业责任造成的取消托运，如果行包、货物未发生损失，保价费应全部退还托运人；如果行包、货物发生损失并按有关规定处理的，保价费不再退还。

【释义】本条明确了变更到站后保价运输的处理方式。

保价运输与运输合同密切相关，行包、货物变更到站后，保价运输仍继续有效。若发生取消托运，一是托运人在承运后发送前取消托运，二是因铁路运输企业责任造成的取消托运，分两种情况处理：如行包、货物未发生损失，保价费应全部退还托运人；如行包、货物发生损失并按有关规定处理的，保价费不再退还。

第四章　运输责任

第十二条　铁路运输企业从接收行包、货物时起，至将行包、货物交付收货人时止，对保价行包、货物发生的损失承担赔偿责任。

【释义】本条明确了保价运输的承责时间及范围。

“铁路运输企业接收行包、货物”是指铁路运输企业在车站、托运人行包或货物存放地点接收行包、货物或在约定的交接地点交接完毕；“行包、货物交付收货人”是指铁路运输企业在约定的交接地点交接完毕、在车站或货场内点交完毕或送达行包、货物指定地点收货人签收完毕。仅在车站仓储的货物发生损失，适用本条。

第十三条　由于下列原因造成保价行包、货物损失的，铁路运输企业依法不承担赔偿责任：

（一）不可抗力；

（二）货物或行包中的物品本身的自然属性，或者合理损耗；

（三）托运人（含押运人）、收货人或者旅客的过错。

【释义】本条明确了保价运输的免责范围，与《中华人民共和国铁路法》第十八条的规定一致。

根据《中华人民共和国铁路法》，制定铁路保价运输的免责范围。不可抗力是指铁路运输企业无法预见、无法预防、无法避免和无法控制的事件；对于货物自身的自然属性导致的合理损耗是指铁路运输企业采取合理措施的情况下仍然存在的损耗，如果是由于铁路运输企业没有采取合理措施而造成的损耗应当按照货物损失给予赔偿；押运人是指托运人委派的押运人，对于铁路运输企业委派的押运人，按照铁路与押运公司的合同规定给予赔偿；这里所指旅客仅指行李、包裹的所有人，不是泛指所有铁路旅客。

第五章　损失赔偿

第十四条　行包、货物在铁路运输过程中发生损失的，铁路运输企业应按照行包、货物损失处理的有关规定办理。车站应编制证明行包、货物损失的记录交托运人或收货人，作为托运人或收货人要求赔偿的依据。同时，应向托运人或收货人提供索赔须知，告知索赔流程、索赔时限及需要准备的证明文件。

【释义】本条明确了发生行包、货物损失的处理规定。

在铁路运输过程中行包发生损失的，铁路运输企业应按照《铁路行李包裹损失处理规则》的规定办理；货物发生损失的，铁路运输企业应按照《铁路货物损失处理规则》的规定办理。发生损失后，铁路运输企业应做好相应的服务工作，车站应编制证明行包、货物损失的记录交托运人或收货人，并主动提供索赔须知，告知索赔流程、索赔时限及需要准备的证明文件。

第十五条　行包托运人或收货人向铁路运输企业提出赔偿要求的有效期限为一年；货物托运人或收货人向铁路运输企业提出赔偿要求的有效期限为 180 日。有效期限起算日期：行包损失时为行包交付的次日；货物部分损失时为铁路运输企业交给收货人货运记录的次日;逾期未到的,为运到期限期满后的第 31 日。

铁路运输企业在运到期限期满后,经过 30 日仍不能交付的行包、货物,托运人或收货人可按全部灭失向铁路运输企业提出赔偿要求。

【释义】本条明确了提赔时限要求及有效期限起算日期。

行包和货物的提赔有效期不一致,分别根据《铁路旅客运输规程》和《铁路货物运输规程》的内容规定。

第十六条 托运人或收货人向铁路运输企业要求赔偿时,应按批向到站(营业部)或发站(营业部)提出《赔偿要求书》(见《铁路货物损失处理规则》附件 1-10),并附证明保价行包、货物损失的记录(原件)和其他有关证明文件。

【释义】本条明确了托运人或收货人提出赔偿的具体要求。

行包损失理赔工作目前由中铁快运负责,因此此条增加了营业部的表述。托运人或收货人既可向到站(营业部)也可向发站(营业部)提出赔偿。提出赔偿时,应按批提出“赔偿要求书”,并提供证明保价行包、货物损失的记录以及其他证明材料(按行包、货物损失处理的有关规定)。

第十七条 对符合保价赔偿责任范围和赔偿条件的行包、货物损失,铁路运输企业应按照先对外赔付、后划分铁路内部责任的原则办理赔偿。自受理赔偿要求的次日起至

支付赔款之日止，行包、货物办理赔偿的最长期限为 30 日。

【释义】本条明确了办理赔偿的原则和最长时限。

符合保价赔偿责任范围和赔偿条件的行包、货物损失，铁路运输企业应先对外赔付，再划分铁路内部责任，避免因内部责任不清而拖延对外赔付。符合保价赔偿责任范围和赔偿条件：对应《保价规则》第十二、十三条。

本条的办赔期限包括三个部分：一是自受理赔偿要求的次日起至填发“货物损失赔(补)偿通知书”（简称“赔通”）之日止；二是自填发“赔通”之日起至将“赔通”送财务部门之日止；三是财务部门自接到“赔通”之日起至支付赔款之日止。这三个部分合计的最长期限为 30 日。

《铁路货物损失处理规则》规定的办理赔偿和支付赔款期限均指工作日，考虑实际节假日等特殊情况，据此规定办赔最长期限为 30 日。

第十八条　保价行包、货物发生损失时，按实际损失赔偿，赔偿额按下列标准计算：

（一）全批损失时，最高不超过该批行包、货物的保价金额；

（二）部分损失时，按损失行包、货物占全批行包、货物的价值比例乘以保价金额计算；

（三）分项填记物品名称和保价金额的，赔偿额分别计算。

赔偿额尾数不足 1 元时，按进整处理至元。起码赔偿额为 1 元。

【释义】本条明确了保价行包、货物发生损失后赔偿金额计算标准。

这里只提保价行包、货物的赔偿标准，未提及的非保价行包、货物的赔偿办法具体见《铁路旅客运输规程》和《铁路货物运输规程》中的规定。注意第（二）款中如果只发生部分损失，按损失占全批的价值比例乘以保价金额计算。这里给出了明确的计算标准。同时对应收费时取整至元的规定，赔偿额尾数不足 1 元时，按进整处理至元。明确起码赔偿额为 1 元。

第六章　国际联运

第十九条　国际联运货物托运人、收货人或其代理人，可在发站、国(过)境站办理国内段保价运输。

【释义】本条明确了国际联运保价运输的办理人及办理地点。

国际联运货物保价运输办理人可以是托运人，或是收货人，也可以是托运人或收货人的代理人，但需要出具代理人证明材料。

目前办理的只是国际联运国内段货物保价运输，可在发站或国(过)境站办理。

第二十条　出口(过境)货物的保价运输，由发站办理至国境站；进口(过境)货物的保价运输，由国(过)境站办理至到站(过境站)。

【释义】本条明确了国际联运货物保价运输的起讫站点。对出口(过境)和进口(过境)货物分别进行了规定。

第二十一条　出口(过境)货物办理保价运输时，托运人在提报日运输需求时勾选“保价运输”，并在“货物价格”栏填写货物的实际价格，作为保价金额。

【释义】本条明确了出口及经铁路国境站交出的过境货物办理国内段保价运输规定。

货运票据电子化后，出口货物的托运人办理保价运输同国内运输货物的规定一致。不再使用原“进出口（过境）货物保价运输申请书”。

第二十二条 进口（过境）货物办理保价运输时，收货人或其代理人可根据实际，按以下两种方式之一操作：

（一）在国境站信息系统中勾选“保价运输”，并在“货物价格”栏填写货物的实际价格，作为保价金额；

（二）向国境站提交《进口（过境）货物国内段保价运输申请书》（附件 2）一式两份。经车站审核确认并加盖车站戳记后，一份交收货人或其代理人，一份自站存查。

【释义】本条明确了进口及经铁路国境站接入的过境货物办理国内段保价运输规定。

货运票据电子化后，国际联运目前存在几种不同情况，为便于现场操作，各国境站所在铁路局集团公司可结合本局实际，对进口（过境）货物办理保价运输采取不同方式，本条给出了两种方式，可从中选择一种方式执行。“进口（过境）货物国内段保价运输申请书”有规定格式，由收货人或其代理人填写，向国境站提交，车站须审核确认。车站主要审核：申请书相关内容是否填写正确，货物名称与实际货物是否一致，保价金额是否合理等，如发现信息不准确等其他问题，应提醒托运人或其代理人重新填写。确认无误后车站应加盖戳记，申请书一份交托运人或其代理人，一份自站存查，并妥善保管。待数字化口岸通关实现后，按方式(一)操作即可。

第二十三条　保价金额应按全批货物贸易合同的实际价格(均折合人民币计价)填记，不应只保其中的一部分。车站受理国际联运进出口(过境)货物保价运输时，如对保价金额有异议，可要求托运人、收货人或其代理人提交证明价格的有关依据。

【释义】本条明确了国际联运货物的保价金额。

国际联运货物办理保价运输跟国内货物一致，应全批统一办理，不应只保一部分；以全批货物贸易合同的实际价格作为保价金额，注意应折合为人民币计价。车站受理时若发现保价金额与货物实际价格明显不符时，可以要求托运人、收货人或其代理人提供有关依据(可证明货物价格的凭证，如发票等)。此条的“全批”和“实际价格”的解释可参考《保价规则》第五、六条。

第二十四条　办理保价运输的国际联运货物，铁路运输企业应向托运人、收货人或其代理人收取货物保价费。货物保价费率按《货物保价费率表》(附件1)的规定执行。

【释义】本条明确了国际联运货物办理保价运输应缴纳相应

费用及应执行的费率。

托运人、收货人或其代理人表明办理保价意愿，车站审核确认，双方达成一致的保价约定。托运人、收货人或其代理人需向铁路运输企业缴纳保价费。国际联运货物的保价费率按照国内货物保价费率表的规定执行。费率浮动权限由铁路局集团公司国际联运保价机构管理。

第二十五条　国际联运进出口货物保价费应与运费同时核收。但根据托运人、收货人或其代理人要求，货物保价费也可以使用“运费杂费收据”单独核收，在货物运单“承运人记事”栏内注明“保价费另收”。

【释义】本条明确了国际联运货物保价费的核收方式。

国际联运货物保价费核收方式与国内货物保价费核收方式一致。一般情况下保价费应与运费同时核收，但根据托运人、收货人或其代理人要求，货物保价费也可以单独核收。

第二十六条　办理保价运输的国际联运货物，在国内段发生损失时，按国内段保价运输有关规定进行保价赔偿处理。

【释义】本条明确了国际联运货物损失的理赔规定。

国际联运货物在国内段发生损失时，按照《铁路货物损失处理规则》等有关规定进行赔偿处理。

第二十七条 国际联运的行包声明价格运输按照铁组《国际旅客联运协定》、《国际旅客联运协定办事细则》和《国际客运运价规程》等规定执行。

【释义】本条明确了国际联运行包声明价格运输的规定。

《保价规则》第十九至二十六条都是国际联运货物国内段保价运输的规定，第二十七条是国际联运行包声明价格运输的规定。

第七章　委托代办

第二十八条　铁路运输企业可以委托具备以下条件之一的单位(部门)代办保价运输:

(一)具有独立法人资格;

(二)具有充足货源及稳定运输条件;

(三)从事物流等业务以及提供行包、货物运输中介服务;

(四)大型企业的运输部门。

【释义】本条明确了委托代办保价运输单位应具备的条件。

共有四类可以代办保价运输的单位(部门)。独立法人资格指能够以自己的名义独立地进行民事活动,以自己的财产独立地承担民事责任的组织;充足货源及稳定运输条件是指该单位长期与铁路运输企业合作,且业务量稳定;从事物流业务或提供行包、货物运输中介服务的企业指各类物流、行包、货物代理单位;大型企业的运输部门是指(一)、(二)类企业中的运输部门。

开展委托代办属于保价营销的手段之一,对《保价规则》第十条签订协议定期收取保价费的企业,是否按委托代办处理由铁路运输企业根据营销需要和实际情况确定,二者不一定一致。

第二十九条 铁路运输企业或授权的下属单位与委托代办单位(部门)签订铁路委托代办保价运输协议书时,应明确托运行包、货物保价费的收取标准、代办业务费的支付标准、结算方式等内容。协议文本应经铁路运输企业保价运输管理机构及相关部门审核。协议的期限为一年,并可明确协议期满后,协议方均未提出异议的,可自动顺延一年。

【释义】本条明确了委托代办的协议签订要求。

签订委托代办协议的单位一方是铁路运输企业或者授权的下属单位,一方是委托代办单位(部门);委托代办保价运输协议书应该按照《中华人民共和国合同法》等法律法规的要求拟定,应明确托运行包、货物保价费的收取标准、代办业务费的支付标准、结算方式等内容。在签订协议之前应交企业法律部门和保价运输管理机构及相关部门审查通过。协议的期限一般为一年,各单位可以根据实际情况自动顺延一年。

第八章　附　　则

第三十条　与总公司所属铁路运输企业办理直通运输的合资、地方铁路办理保价运输时应按照本规则执行，仅在合资、地方铁路管内运输可参照执行。

【释义】本条也属于明确适用范围的范畴。

为了和下一条更好衔接，将这部分内容从原总则的第二条调整至这里。

第三十一条　总公司所属铁路运输企业与办理直通运输的合资、地方铁路开展保价运输，在签订保价运输协议或运输（物流）协议时，应明确办理保价运输的责任划分、理赔清算、收入分成、安全防范、争议处理等内容。不办理直通运输的地方铁路，由接轨的铁路运输企业按委托代办的形式办理保价运输。

【释义】本条明确了铁路运输企业与办理直通运输的合资、地方铁路开展保价运输签订协议的要求。

合资、地方铁路开展保价运输，通过协议的方式进行约定，具体内容（办理保价运输的责任划分、理赔清算、收入分成、安全防范、争议处理等）由铁路运输企业与合资、地方铁路协商确定。

第三十二条　根据托运人需求，铁路运输企业可与托运人（含按项目制管理的物流总包方）依据本规则就保价运输的条件、责任范围、保价费用、赔偿方式等内容通过签订保价运输协议或运输（物流）协议进行约定。

【释义】本条明确了协议保价运输的规定。

铁路运输企业与托运人之间是合同双方平等的关系，为拓展保价运输业务，可以根据双方的具体情况，在不违反本规则的前提下，与托运人签订保价运输协议，在协议中明确保价运输的条件、责任范围、保价费用、赔偿方式等内容。为促进物流总包业务开展保价运输，明确了物流总包协议中可约定保价赔偿，以便更好地保障托运人利益。

第三十三条　本规则未规定事宜，按《铁路旅客运输规程》《铁路货物运输规程》及其引申的规则、办法办理。铁路运输企业可根据本规则制定实施细则。与香港铁路办理直通保价运输按有关规定执行。

【释义】本条对本规则未规定事宜进行了明确。

各铁路局集团公司在不违背本规则条件的前提下，可以制定实施细则，仅限在本集团公司管内有效。

第三十四条　本规则由总公司货运部负责解释。

【**释义**】本条明确了本规则的最终解释权。

第三十五条　本规则自2019年6月1日起施行。前发《铁路保价运输规则》(铁总运〔2015〕246号)、《中国铁路总公司关于明确保价运输有关事项的通知》(铁总运电〔2016〕169号)同时废止。

【**释义**】本条明确了本规则的施行时间、废止的文电。

附件 1

货物保价费率表

<table>
<tr><th colspan="3">代　码</th><th>货物品类</th><th>保价费率
(‰)</th></tr>
<tr><td>01</td><td></td><td></td><td>煤</td><td rowspan="7">1</td></tr>
<tr><td>01</td><td>1</td><td>0</td><td>原煤</td></tr>
<tr><td>01</td><td>2</td><td>0</td><td>洗精煤</td></tr>
<tr><td>01</td><td>3</td><td>0</td><td>块煤</td></tr>
<tr><td>01</td><td>4</td><td>0</td><td>洗、选煤</td></tr>
<tr><td>01</td><td>5</td><td>0</td><td>水煤浆</td></tr>
<tr><td>01</td><td>9</td><td>0</td><td>其他煤</td></tr>
<tr><td>02</td><td></td><td></td><td>石油</td><td rowspan="2">3</td></tr>
<tr><td>02</td><td>1</td><td>0</td><td>原油</td></tr>
<tr><td>02</td><td>2</td><td>0</td><td>汽油</td><td rowspan="6">4</td></tr>
<tr><td>02</td><td>3</td><td>0</td><td>煤油</td></tr>
<tr><td>02</td><td>4</td><td>0</td><td>柴油</td></tr>
<tr><td>02</td><td>5</td><td>0</td><td>重油</td></tr>
<tr><td>02</td><td>6</td><td>0</td><td>润滑油、脂</td></tr>
<tr><td>02</td><td>9</td><td>0</td><td>其他成品油</td></tr>
</table>

续上表

代码			货物品类	保价费率（‰）
03			**焦炭**	1
03	1	0	焦炭	
03	2	0	沥青焦、石油焦	
04			**金属矿石**	1
04	1	0	铁矿石	
04	2	0	放射性矿石	3
04	9	0	其他金属矿石	1
05			**钢铁及有色金属**	
05	1	0	生铁	
05	2	0	钢锭、钢坯	2
05	3	0	钢材	
05	4		钢轨及其配件	
05	4	1	钢轨	
05	4	2	钢轨配件	
05	5		铁合金及其他钢铁	
05	5	1	铁合金	
05	5	2	废钢铁	
05	5	9	其他杂项钢铁	

续上表

代码			货物品类	保价费率（‰）
05	6		有色金属及其合金	4
05	6	1	有色金属及其合金的锭	
05	6	2	氧化铝。氢氧化铝。镁砂	
05	7		有色金属及其合金的加工材、粉	
05	7	1	有色金属及其合金的加工材	
05	7	2	有色金属粉	3
05	7	3	半导体材料	4
05	7	4	石油套管、油管	3
05	7	9	其他有色金属	
06			**非金属矿石**	1
06	1	0	硫铁矿	
06	2	0	石灰石	
06	3	0	铝矾土	
06	4	0	石膏	
06	9		其他非金属矿石	
06	9	1	油页岩	
06	9	2	云母、石墨、石棉	2
06	9	3	金刚石（砂）。刚玉。油石	
06	9	9	其他杂项非金属矿石	1

续上表

代码			货物品类	保价费率（‰）
07			**磷矿石**	1
07	0	0	磷矿石	
08			**矿物性建筑材料**	
08	1		土、砂、石、石灰	
08	1	1	泥土、色土。石灰	
08	1	2	砂	
08	1	3	石料	
08	1	4	石制品	3
08	2	0	砖、瓦、砌块	1
08	3		水泥制品	
08	3	1	水泥轨枕、桥梁	
08	3	9	其他水泥制品	2
08	4	0	玻璃	15
08	5	0	玻璃纤维及其制品	3
08	9		其他矿物性建筑材料	2
08	9	1	陶管、缸管	
08	9	2	建筑陶瓷。耐火、耐酸材料制品。玻璃砖、瓦	3

续上表

代码			货物品类	保价费率（‰）
08	9	3	菱苦土及制品。铸石及制品。石膏板。石棉制品	2
08	9	4	陶粒、矿渣棉、膨胀蛭石及其制品	2
08	9	5	膨胀珍珠岩、岩棉及其制品	2
08	9	6	油毡	2
08	9	7	煤矸石	1
08	9	8	灰渣。矿渣。炉渣。水渣	1
09			**水泥**	4
09	1	0	水泥	4
09	2	0	水泥熟料	4
10			**木材**	1
10	1	0	原木	1
10	2		锯材	1
10	2	1	板材、方材	1
10	2	2	枕木	1
10	3	0	木片	1
10	4		人造板材	2
10	4	1	普通人造板	2
10	4	9	装饰加工板	4

续上表

代码			货物品类	保价费率（‰）
11			**粮食**	2
11	1	0	稻谷	
11	2	0	小麦	
11	3	0	大米	
11	4	0	小麦粉	
11	5	0	玉米	
11	6	0	大豆	
11	7	0	马铃薯	
11	9		其他粮食	
11	9	1	甘薯	
11	9	2	粮食种子	
11	9	9	其他杂项粮食	
12			**棉花**	3
12	1	0	籽棉	
12	2	0	皮棉	
12	9		其他棉花	
12	9	1	絮棉。棉胎。旧棉	
12	9	2	木棉	

续上表

代码			货物品类	保价费率（‰）
13			**化肥及农药**	2
13	1	0	化学肥料	
13	2		农药	3
13	2	1	化学农药	
13	2	2	植物生长调节剂	1
14			**盐**	
14	1	0	食用盐	
14	2	0	非食用盐	
15			**化工品**	3
15	1		无机酸	
15	1	1	硫酸。盐酸。硝酸	
15	1	9	其他无机酸	
15	2		无机碱及氢氧化物	
15	2	1	烧碱	
15	2	2	纯碱。土碱	
15	2	9	其他无机碱及氢氧化物	
15	3	0	醇、醛类有机化工原料	
15	4	0	橡胶及其制品	

续上表

代码			货物品类	保价费率（‰）
15	5		树脂、塑料及其制品	3
15	5	1	树脂、塑料	
15	5	2	塑料管	
15	5	3	塑料制箱、桶、罐、盒、瓶、壳、痰盂	
15	5	4	泡沫塑料	
15	5	5	有机玻璃制品	
15	5	6	塑钢及其制品	
15	5	9	其他塑料制品	
15	6	0	油漆、涂料、颜料、染料	
15	7	0	爆炸品、放射性物品、压缩气体和液化气体	6
15	9		其他化工品	3
15	9	1	硝。泡花碱。氯化镁。沥青。沥青油	
15	9	2	盐卤	
15	9	3	炭黑。炭白	
15	9	4	碳块。阳极糊。电极糊	
15	9	5	石蜡。地蜡	
15	9	6	日用化工品	
15	9	9	其他杂项化工品	

续上表

代码			货物品类	保价费率(‰)
16			**金属制品**	1
16	1	0	金属结构及其构件	
16	2	0	金属工具、模具	3
16	3		铝制器皿、搪瓷制品	
16	3	1	铝锅。铝饭盒、菜盒	
16	3	2	铝壶、背壶。搪瓷壶、杯	
16	3	9	其他铝制器皿、搪瓷制品	
16	9		其他金属制品	1
16	9	1	钢丝、铁丝。钢丝绳。钢绞线。金属紧固件	
16	9	2	铸铁管。瓦楞铁。金属接头、弯头	2
16	9	3	金属制箱、桶、罐、盒、瓶、壳、痰盂	3
16	9	9	其他杂项金属制品	
17			**工业机械**	2
17	1		普通机械设备	
17	1	1	锅炉及原动机	
17	1	2	采掘、冶炼机械设备	
17	1	3	金属加工机械设备	
17	1	4	起重、输送、装卸机械	
17	1	5	铸、锻件。泵。普通机械零配件	

续上表

代码			货物品类	保价费率（‰）
17	1	6	医疗器械	3
17	1	9	其他机械设备	2
17	2		运输工具	—
17	2	1	挂运与自行的铁道机车、车辆及轨道机械	
17	2	2	组成的汽车、摩托车、拖斗车	3
17	2	3	组成的自行车	
17	2	4	其他组成的运输工具	
17	2	5	拆解的运输工具。运输工具的零配件	2
17	3		仪器、仪表、量具	4
17	3	1	仪器、仪表	
17	3	2	仪器、仪表元器件	3
17	3	3	辅助玻璃仪器	6
17	3	4	钟。表。定时器	4
17	3	5	衡器。量具	3
18			**电子、电气机械**	2
18	1		电力、通信、广播电视设备	
18	1	1	电力设备	
18	1	2	通信、广播电视设备	3

续上表

代码			货物品类	保价费率(‰)
18	2		日用电器	6
18	2	1	特定音像机器	
18	2	2	特定调温电器	
18	2	3	洗衣机	3
18	2	9	其他日用电器	
18	3	0	电子计算机及其外部设备	6
18	9		其他电子、电气机械及器材	
18	9	1	灯泡、电珠、灯管。高压汞灯。电子管。显像管	
18	9	2	灯具。灯罩。日光套灯	
18	9	3	电线。电缆	2
18	9	9	其他杂项电子、电气机械及器材	
19			**农业机具**	1
19	1	0	特定农业机械	
19	2	0	特定农业器具	
19	9		其他农业机具	3
19	9	1	养蜂器具	
19	9	2	农业机械零配件	2
19	9	9	其他杂项农业机具	1

续上表

<table>
<tr><th colspan="3">代　码</th><th>货物品类</th><th>保价费率
(‰)</th></tr>
<tr><td>20</td><td></td><td></td><td>鲜活货物</td><td rowspan="4">10</td></tr>
<tr><td>20</td><td>1</td><td></td><td>活动物</td></tr>
<tr><td>20</td><td>1</td><td>1</td><td>牛。马。骡。驴。骆驼</td></tr>
<tr><td>20</td><td>1</td><td>2</td><td>猪。羊。狗。兔</td></tr>
<tr><td>20</td><td>1</td><td>3</td><td>活禽</td><td>6</td></tr>
<tr><td>20</td><td>1</td><td>4</td><td>活鱼。鱼苗</td><td>10</td></tr>
<tr><td>20</td><td>1</td><td>5</td><td>蜜蜂</td><td>15</td></tr>
<tr><td>20</td><td>1</td><td>6</td><td>蚕。蚕茧。蚕子</td><td>3</td></tr>
<tr><td>20</td><td>1</td><td>9</td><td>其他活动物</td><td>10</td></tr>
<tr><td>20</td><td>2</td><td></td><td>鲜冻肉及其部分品</td><td rowspan="8">6</td></tr>
<tr><td>20</td><td>2</td><td>1</td><td>鲜冻肉</td></tr>
<tr><td>20</td><td>2</td><td>2</td><td>死禽、畜、兽</td></tr>
<tr><td>20</td><td>2</td><td>3</td><td>禽、畜、兽的部分品</td></tr>
<tr><td>20</td><td>3</td><td></td><td>鲜冻水产品</td></tr>
<tr><td>20</td><td>3</td><td>1</td><td>鲜冻鱼</td></tr>
<tr><td>20</td><td>3</td><td>2</td><td>鱼介的部分品</td></tr>
<tr><td>20</td><td>4</td><td>0</td><td>鲜冻蛋、奶</td></tr>
</table>

续上表

代码			货物品类	保价费率(‰)
20	5	0	鲜蔬菜	10
20	6		鲜瓜果	
20	6	1	柑桔	
20	6	2	苹果	
20	6	9	其他鲜瓜果	
20	9		其他鲜活货物	6
20	9	1	活树。树苗。花苗	
20	9	2	蔬菜秧苗	
20	9	3	甘蔗苗及其他秧苗	
20	9	4	花卉。盆景。盆花	10
21			**农副产品**	1
21	1		竹。藤、棕、草、其他植物及其纤维	
21	1	1	竹。藤	
21	1	2	棕	
21	1	3	麻	
21	1	4	草秸、芦苇、芒秆	
21	1	5	干花朵、花瓣	3
21	1	9	其他植物及其纤维	1

续上表

代码			货物品类	保价费率（‰）
21	2		竹、藤、棕、草及其他植物纤维制品	1
21	2	1	竹片。竹蔑。竹筋。竹丝。竹刨花。竹扁担。竹抬杠。竹跳板	
21	2	2	草绳。棕线。棕绳。麻绳。笋壳绳。麻经。麻刀。纸筋。玉米芯	
21	2	3	竹草帽(笠)。草鞋	
21	2	4	葵扇	
21	2	5	草席。苇席。秫秸席	
21	2	6	草片。草垫。草袋。蒲包。蒲绒。芦花。竹、藤、棕、草、芦苇、树条及其他类似材料制的箱、筐、篓、篮、箩	
21	2	7	竹地板	
21	2	9	竹、藤、棕、草、芦苇、树条及其类似材料制品	2
21	3		木材加工、副产品	1
21	3	1	杂木棍。木抬杠。木扁担。锄、镰、镐、锹、耙、杈的把	
21	3	2	软木板。软木砖(塞)	
21	3	3	木粉。榆皮粉	

续上表

代码			货物品类	保价费率(‰)
21	3	4	栓皮。软木粉	1
21	3	5	木柴。木炭。板皮。锯末。刨花。木丝、松明子。树条。树的根、枝、叶、皮	
21	3	9	其他木材加工、副产品	2
21	4		油料、糖料	
21	4	1	油料	
21	4	2	糖料	3
21	5		烟草	2
21	5	1	烟叶	
21	5	2	烟梗。烟末。烟杆(秸)	
21	9		其他农副产品	4
21	9	1	干蔬菜	
21	9	2	干果。子实、子仁。果核、果皮	6
21	9	3	植物种子	2
22			**饮食品及烟草制品**	4
22	1	0	食糖	
22	2		食品	3
22	2	1	糖蜜。糖稀。蜂蜜。糖果。蜜饯果脯。果酱	

续上表

代码			货物品类	保价费率(‰)
22	2	2	方便面。饼干。蛋卷。粉条(丝)	3
22	2	3	挂面、糕点及其他粮食复制品	
22	2	4	肉、蛋、奶制品。罐头	6
22	2	5	水产加工品	
22	2	6	酱腌菜	3
22	2	7	食用植物油	2
22	2	9	调味品及其他食品	3
22	3		饮料	4
22	3	1	酒	
22	3	2	茶叶	3
22	3	3	紧压茶(边销)	
22	3	9	其他饮料	
22	4		烟草制品	4
22	4	1	卷烟	
22	4	9	其他烟草制品	3
23			**纺织品。皮革、毛皮及制品**	3
23	1		丝、毛、化学纤维、纱、线	
23	1	1	丝。化学纤维	
23	1	2	丝棉	

续上表

代码			货物品类	保价费率（‰）
23	1	3	毛。绒毛。人造毛。毛条。羽绒	3
23	1	4	纱	
23	1	5	毛线及其他纺线	
23	2		纺织品、针织品	
23	2	1	布。呢绒。绸缎	
23	2	2	毯。毡及毡制品	
23	2	3	麻袋、麻袋片（条）	
23	2	9	其他针、纺织品	
23	3		鞋、帽、服装及其他编织、缝纫品	
23	3	1	鞋	
23	3	2	帽	
23	3	3	服装	
23	3	4	被。褥。帐	
23	3	5	其他羽绒制品	
23	3	9	其他编织、缝纫品	
23	4		皮革、毛皮及其制品	
23	4	1	皮张。皮革。毛皮。皮筒	
23	4	9	其他皮革、毛皮制品	

续上表

代码			货物品类	保价费率（‰）
24			**纸及文教用品**	1
24	1	0	纸浆	1
24	2		纸及纸制品	3
24	2	1	纸及纸板	3
24	2	2	其他纸制品	3
24	3		印刷品	1
24	3	1	课本	1
24	3	2	书籍	3
24	3	3	报纸。杂志	3
24	3	9	其他印刷品	3
24	9		其他文教用品	3
24	9	1	文具。本册。教具。标本	3
24	9	2	体育用品。演艺用品	3
24	9	3	乐器	6
24	9	4	玩具。童车	3
24	9	5	磁带。软磁盘。唱片	4
24	9	9	游乐用品及其他文教用品	3

续上表

代码			货物品类	保价费率（‰）
25			**医药品**	3
25	1	0	中药材	
25	2	0	中成药、西药及其他医药品	
99			**其他货物**	1
99	1		家具、搬家货物、行李、日用杂品	
99	1	1	竹、藤、树条及类似材料制的衣箱	
99	1	2	竹、藤、树条及类似材料制的家具	
99	1	3	其他材料制的衣箱、家具	2
99	1	4	搬家货物、行李	3
99	1	5	暖水瓶(胆)。保温瓶(胆)。眼镜	4
99	1	6	玻璃器皿及其他玻璃制品	6
99	1	7	陶瓷制的缸、钵、坛。瓦盆、缸盆及缸砂制品	4
99	1	9	其他陶瓷制品及日用杂品	3
99	2		动植物油脂、冰、水	2
99	2	1	动物油脂、油渣	
99	2	2	非食用植物油	

续上表

代码			货物品类	保价费率(‰)
99	2	3	冰	1
99	2	4	水	
99	2	5	蒸馏水	3
99	3		动植物残余物、饲料	1
99	3	1	动物的血、骨、角、蹄、甲、壳、渣	
99	3	2	鬃。马尾。茧壳。蚕蛹。蚕沙	3
99	3	3	植物的麸、糠、糟、粕、壳、灰、渣	1
99	3	4	叶粉。叶粒。玉米芯粉。配合或复制饲料	
99	3	5	有机肥料及其他肥料	
99	3	6	饲料添加剂	
99	4		浆粕、废碎物品	
99	4	1	浆粕	
99	4	2	废碎物品	
99	5		工艺品、展览品	4
99	5	1	工艺品。塑料花及其他人造花	
99	5	2	展览品	

续上表

<table>
<tr><th colspan="3">代　码</th><th>货物品类</th><th>保价费率（‰）</th></tr>
<tr><td>99</td><td>6</td><td>0</td><td>特定集装化运输用具</td><td>1</td></tr>
<tr><td>99</td><td>7</td><td></td><td>特定货物</td><td rowspan="3">3</td></tr>
<tr><td>99</td><td>7</td><td>1</td><td>特定 1</td></tr>
<tr><td>99</td><td>7</td><td>2</td><td>特定 2</td></tr>
<tr><td>99</td><td>7</td><td>3</td><td>特定 3</td><td rowspan="2">6</td></tr>
<tr><td>99</td><td>7</td><td>4</td><td>特定 4</td></tr>
<tr><td>99</td><td>7</td><td>9</td><td>其他特定货物</td><td>商定</td></tr>
<tr><td>99</td><td>9</td><td>0</td><td>以上各类未包括的货物</td><td>3</td></tr>
</table>

注：1. 本表所列货物品类及代码，均以《铁路货物运价规则》附件“铁路货物运输品名分类与代码表”为准。

2. 保价费率分为五个基本级，两个特定级：一级为 1‰，二级为 2‰，三级为 3‰，四级为 4‰，五级为 6‰，特六级为 10‰，特七级为 15‰。

3. 集装箱费率按下表执行：

箱　型	费　率
35 吨敞顶箱	按所装货物适用的整车保价费率
其他箱型	3‰(2431 类课本按 1‰)

【释义】本条明确了集装箱的保价基本费率。

对集装箱费率进行修订，整合了《中国铁路总公司关于明确保价运输有关事项的通知》（铁总运电〔2016〕169 号）的有关规定，同时也和《中国铁路总公司关于 20 英尺 35 t 敞顶箱计费有关事项的通知》(铁总价电〔2016〕67 号)中，“其他货运杂费比照 20 英尺通用集装箱标准执行”的规定一致。

4. 冷藏车装运的需要制冷的货物，均按该货物保价费率的 50%计算。
5. 超限、超重货物均按该货物的保价费率加收 50%计算。
6. 特快、快速货物班列货物混装时，保价费率按全批货物实际价格的 3‰计算。
7. 仅仓储的保价费率按该货物保价费率的 50%计算。
8. 零散货物快运的保价费率按照 3‰计算(保价金额在1 000 元以下的按每批 3 元核收)。批量货物快运保价费率按照相应的整车货物保价费率计算。
9. 一口价运输等业务中保价费率另有规定的，按规定执行。
10. 各铁路运输企业结合管内具体情况，依本表规定可浮动费率。

附件 2

进口(过境)货物国内段保价运输申请书

局集团公司　　　站　　　　　　　　　　　　NO. ________

<table>
<tr><td>发　送　路</td><td></td><td>批　　号</td><td></td></tr>
<tr><td>托　运　人</td><td></td><td>车种车号</td><td></td></tr>
<tr><td>收　货　人</td><td></td><td>件　　数</td><td></td></tr>
<tr><td>发　　　站</td><td></td><td>重　　量</td><td></td></tr>
<tr><td>到　　　站</td><td></td><td>办理种别</td><td></td></tr>
<tr><td colspan="2">货物名称</td><td colspan="2">保价金额
保价金额(大写)</td></tr>
<tr><td colspan="2" rowspan="2">收货人或其代理人
签字或盖章</td><td rowspan="2">发站、国(过)境站日期戳</td><td>记　事</td></tr>
<tr><td></td></tr>
</table>

注:本表一式两份。